하나님을 만난
사람들 2

Bible Study

인물 2

나다나엘 | 용서받은 여인 | 삭개오 | 부자 청년 | 마르다와 마리아
마리아 | 디모데 | 바나바 | 사마리아 여인 1 | 사마리아 여인 2

gtm _ 권지현 지음

글로벌틴 성경공부의 구성과 사용법

글로벌틴 성경공부는 크게 마음열기, 생각하기, 나의 이야기로 구성되어 있습니다. 이 세 가지 부분의 목적을 숙지하여 진행하시면 효과적인 성경공부에 도움이 됩니다.

 마음열기

'마음열기'는 구성원들의 입이 열리게 하고, 그날의 주제에 대해 관심이 열리게 하는 데 목적이 있습니다.
우선 '먼저읽기' 지문을 읽습니다. 이것은 '마음열기' 질문에 쉽게 답할 수 있도록 준비된 것입니다. 그리고 나서 마음열기 질문에 대해 구성원들이 돌아가면서 대답을 하게 합니다. '마음열기'는 대단히 중요한 단계입니다. 여기서 대화와 관심이 열리게 되면, 이후의 진행에서 학생들이 자발적으로 참여하는 즐거운 성경공부가 가능케 되기 때문입니다. 시간은 5분(전체 30분일 경우) 정도가 좋습니다.

 생각하기

'생각하기'는 그날의 주제에 대한 성경의 가르침이 무엇인지 배우고 확신하는 데 목적이 있습니다. 글로벌틴 주제별 시리즈에서는 전달자에 의한 편차를 최소화하고, 많은 내용을 보다 효과적으로 전달할 수 있게 하기 위해 중요한 부분만 괄호처리하고, 나머지는 다 해설과 함께 서술해 두었습니다. 그러므로 긴 부가설명이나 파생된 주제 언급 없이 최대한 교재 내용 전달에만 집중해 주시면 충분한 교육효과가 나타나게 될 것입니다. 시간은 15-20분(전체 30분일 경우) 정도가 적당합니다.

 나의 이야기

'나의 이야기'의 목적은 오늘 공부한 내용을 구성원들 개인의 상황에 구체적으로 적용시키는 데 있습니다. 그러므로 이 부분은 그날 공부에 대한 총 결산이라고 할 만큼 중요한 부분입니다. 그러므로 인도자는 구성원 한명 한명이 개인적인 적용을 할 수 있도록 격려해야 합니다. 시간은 5분 이상(전체 30분일 경우)이 적당합니다.

*글로벌틴 주제별시리즈는 개역개정판 성경을 사용하고 있습니다.

인물2

Contents

나다나엘

메시아를 만난 빌립은 흥분을 감추지 못하고 그의 친구 나다나엘에게 달려가 이 사실을 알렸습니다. 그러나 나다나엘은 단 한마디로 빌립을 무안하게 해 버렸습니다. "나사렛에서 무슨 선한 것이 날 수 있겠느냐?" 나다나엘은 이처럼 원론적이고, 논리적이고, 부정적인 우울질 타입의 인물이었습니다. 사람들은 보통 이런 타입의 사람을 별로 좋아하지 않습니다. 하지만, 예수님은 나다나엘에게 "이는 참 이스라엘인이다"라고 칭찬하시면서 그 속에 있는 간사하지 않고 진실한 면을 인정해 주셨습니다. 그리고 아무도 모르게 무화과나무 아래서 민족의 해방을 위해 무릎 꿇던 그의 은밀한 기도를 알아주셨습니다.

 마음열기

빌립과 나다나엘 중 나는 어떤 타입의 사람이며, 어떤 타입의 사람이 더 좋습니까?

 생각하기

요한복음에만 나오는 나다나엘은 마태, 마가, 누가복음에 등장하는 예수님의 제자 바돌로매(달매의 아들)와 동일인으로 추측되고 있습니다.

1. 고지식하고 회의적인 사람

요 1:45-46 빌립이 나다나엘을 찾아 이르되 모세가 율법에 기록하였고 여러 선지자가 기록한 그이를 우리가 만났으니 요셉의 아들 나사렛 예수니라 나다나엘이 이르되 나사렛에서 무슨 선한 것이 날 수 있느냐 빌립이 이르되 와서 보라 하니라

두 친구의 대화를 보십시오. 빌립이 말할 때의 분위기와 나다나엘이 대답하고 나서의 분위기는 각각 어떠했다고 상상하십니까?

• 빌립이 말했을 때 :

• 나다나엘이 대답하고 나서 :

나다나엘은 빌립의 열정적인 간증에 대해 한마디로 무시해 버렸습니다.

그는 메시아가 남부 유대 지방에서 태어나리라는 예언을 알고 있었던 것 같고, 게다가 나사렛이라는 동네는 천대받는 북부 갈릴리 지방에서도 가장 가난한 동네였기 때문입

니다. 나다나엘은, 심리학적으로 말하면, 외향적이고 성급한 다혈질의 베드로와는 반대로 꼼꼼하고 회의적인 우울질 타입의 사람이라고 할 수 있습니다.

2. 진실한 사람

하지만, 나다나엘에게서 또 다른 면을 발견하게 됩니다.

요 1:46-47 나다나엘이 이르되 나사렛에서 무슨 선한 것이 날 수 있느냐 빌립이 이르되 와서 보라 하니라 예수께서 나다나엘이 자기에게 오는 것을 보시고 그를 가리켜 이르시되 보라 이는 참으로 이스라엘 사람이라 그 속에 간사한 것이 없도다

그는 비록 친구의 말에 대해 회의적이었지만 친구의 진실한 간청에 귀 기울일 줄 아는 마음을 가진 사람이었습니다.

또 그는 예수님을 만나게 되었을 때 그동안 가지고 있던 편견을 다 내려놓고 진심으로 믿을 줄 아는 사람이었습니다.

요 1:49 나다나엘이 대답하되 랍비여 당신은 하나님의 아들이시요 당신은 이스라엘의 임금이로소이다

그가 예수님 앞에 나올 수 있고 그분을 메시아로 영접할 수 있었던 것은 그의 진실한 마음 때문이었습니다. 예수님은 그의 진실함에 대해 크게 칭찬하셨습니다.

3. 메시아를 고대하는 사람

예수님의 말씀에서 우리는 나다나엘의 또 다른 면을 발견하게 됩니다.

요 1:48 나다나엘이 이르되 어떻게 나를 아시나이까 예수께서 대답하여 이르시되 빌립이 너를 부르기 전에 네가 무화과나무 아래에 있을 때에 보았노라

무화과나무 그늘은 조용하게 기도하고 명상하는 사람을 위한 공간입니다. 또한, 무화과나무는 이스라엘 국가를 상징하기도 합니다. 그는 분명 기도하기 위해 긴 시간을 무화과나무 아래서 지냈음을 알 수 있습니다.

나다나엘은 무엇을 기도했을까요?

요 1:45 빌립이 나다나엘을 찾아 이르되 모세가 율법에 기록하였고 여러 선지자가 기록한 그이를 우리가 만났으니 요셉의 아들 나사렛 예수니라

만났다는 말은 현재완료형으로 그들이 함께 오랫동안 메시아를 찾기 위해 성경을 읽는데 많은 시간을 사용했음을 보여줍니다. 여기서 나다나엘은 평소 빌립과 함께 말씀과 기도로 이스라엘을 구원할 메시아를 갈망하고 있었던 사람임을 알 수 있습니다.

나다나엘

용서받은여인

삭개오

부자청년

마르다와마리아

마리아

디모데

바나바

사마리아여인1

사마리아여인2

4. 나다나엘이 만난 예수님

예수님께서 나다나엘의 모습 중 제일 먼저 보신 두 가지는 무엇입니까?

- 마음속에 있는 ☐☐ (요 1:47)

- 남모르는 ☐☐ (요 1:48)

사람들은 흔히 단점이나 외형에 더 시선을 줍니다. 하지만, 예수님은 우리의 장점을 먼저 보시며 우리의 중심을 귀하게 보시는 분이십니다. 이와 같은 예수님의 사랑은 나다나엘을 완전히 사로잡았습니다.

외경에 의하면 나다나엘은 밤낮으로 100번씩 기도했고, 인도에 가서 전도했으며, 산 채로 가죽이 벗겨져 십자가에 매달려 순교 당했다고 합니다.

 나의 이야기

■ 히포크라테스는 인간의 기질을 다음과 같이 나누었습니다.

스타일	장점	단점
다혈질 (연설가, 배우…)	열정적, 사교적	의지박약, 성급함
우울질 (예술가, 철학가…)	충성됨, 예민함	부정적, 비사교적
담즙질 (지도자, 건축가…)	굳은 의지, 자신감	잔인함, 자만심
점액질 (외교관, 기술자…)	재치 있음, 조용함	우유부단, 이기적

이 중 나에게 가까운 두 가지 기질은 무엇입니까? 나에게 있는 장점과 단점은 무엇입니까?

■ 나다나엘의 진실함과 기도를 크게 보신 예수님은 나를 보시고 어떻게 격려해 주실까요? 자기를 향한 예수님의 평가를 기록해 봅시다.

예수께서 (　　　　　)가 오는 것을 보시고 보라 (　　　　　　　　　　　　)

내가 (　　　　　　　　　　　　　　　　　　　) 보았노라

정답 | ①진실 ②갈망

오진이 없으신 예수님

부모나 처자, 가까운 친구들이 아무리 간절히 애원하고 야단을 쳐도 그들을 개선하는데 별 소용이 없는 사람들이 있습니다.

또 국가로부터 엄중한 형벌을 받아 교도소에 들어가도 그 내면에 아무런 변화도 일어나지 않는 사람들이 있습니다.

하지만, 놀랍게도 그들이 그리스도 앞에 나가면 완전히 새사람이 되는 것을 종종 보게 됩니다.

이런 변화는 예수님께 오진이 없기 때문입니다.

치료에 있어서 가장 중요한 것은 올바른 진단입니다. 정확한 진단 없이는 그 후의 치료도 거의 효과가 없습니다.

진단(diagnosis)이라는 단어는 속속들이(dia) 안다(gnosis)는 말의 합성어입니다.

사실 많은 사람의 훈계나 용서 같은 처방들이 좋은 결과를 내지 못하는 이유는 그들이 대상자의 사정과 내적 욕구를 속속들이 알고 있지 못하기 때문입니다.

하지만, 예수님께서는 우리 중심의 상태와 소원을 정확히 아시는 분이십니다. 왜냐하면, 그분은 우리의 모든 고난을 친히 체휼하셨기 때문입니다. 그래서 그분의 배려 깊은 징계와 용납은 우리를 죄의 원인과 결과로부터 온전하게 구원하시는 것입니다.

예수님이야말로 위대한 의사이십니다. 예수님밖에는 정당하게 벌하시며 정당하게 용서하셔서 구원하실 처방을 하실 분이 없습니다. 누가 우리의 깊은 사정을 아시며, 상한 마음을 고쳐 절망적인 우리를 하나님의 자녀로 변화시킬 수 있습니까?

오진이 없으신 예수님, 놀라우신 의사가 되시는 예수님을 찬양합니다.

내가 찾은 생명의 빛

먼저읽기

노벨 평화상을 수상한 유대인 작가 엘리 위젤은 아우슈비츠를 비롯한 나치 수용소 4곳을 돌아다니며 유년시절을 보냈습니다. 그는, 아들이 아버지를 불이 벌겋게 타오르는 화로에 밀어 넣어 죽게 하고, 어머니의 눈을 돌리지 못하게 하여 아들의 교수형을 끝까지 보게 하는 장면 등을 목격했으며, 자신도 하루에 10,000명씩 가스실로 가는 줄에 수도 없이 섰지만, 바로 자기 직전에서 멈춰 살아남는 경험을 수차례 한 후 생존했습니다. 엘리 위젤이 그의 작품을 통해 강조하는 것은 "기억"입니다. 1986년 그는 밤이라는 작품으로 노벨 평화상을 수상했습니다. 엘리 위젤은 노벨 평화상 수상소감에서 이렇게 말했습니다. "죽음의 왕국에서 간신히 빠져나온 사람보다 더 감사하는 마음으로 살아가는 사람은 아무도 없을 것입니다." 그의 기억은 날마다의 자신의 삶이 덤으로 주어진 은혜임을 느끼게 함으로 깊은 감사 속에서 살게 하였던 것입니다.

 마음열기

내가 감사하고 있는 기억은 무엇입니까? 그리고 내가 잊지 않아야 할 가장 큰 감사의 제목은 무엇이어야 한다고 생각하십니까?

 생각하기

먼저, 요한복음 8장 1-12절을 읽으세요.

1. 죄인의 비참함 – 끌려온 여인

이 사건은 이스라엘 백성이 가장 좋아하는 일주일간의 초막절 다음날 아침에 일어난 일입니다.

　1) 바리새인들에게 끌려 예수님 앞에 선 여인은 어떤 사람입니까?(4)

　당신이 재판관이라면 다음의 정황들을 볼 때 이 여인을 어떻게 평가할 수 있을까요?

　• 간음 – 남편이 있는 여자라는 전제
　• 현장에서 잡힘 – 죄에 깊이 빠져 심판이 오는 줄도 모르고 있었음
　• 때 – 흥분된 초막절이 다 끝난 다음날 아침까지 죄에 취해 있었음

　2) 현장에서 잡혀 끌려오는 이 여인의 마음은 어땠을까요?

　아래의 예에서 그녀가 자신과 자신의 미래에 대해 어떤 생각을 했을지 찾아서 서로 말해봅시다.

　그리고 죄가 가져다 주는 비참한 결과에 대해서도 생각해 봅시다.

- "내가 왜 그 짓을 했을까?"(후회) • "내가 살아봐야 이런 짓밖에 더하겠어?"(체념)
- "이제 어떻게 얼굴을 들고 사나?"(수치심) • "지금이라도 콱 죽어버릴까?"(자학)
- "왜 하필이면 나만 이렇게!"(억울함) • "정말 돌에 맞아 죽는 건 아닐까?"(두려움)

2. 더 무서운 죄 – 바리새인과 서기관

1) 백성을 가르치고 훈계할 책임을 지고 있는 바리새인과 서기관들은 왜 이 여인을 예수님께 데리고 왔을까요?(6)
그들은 다음의 경우 어디에 어떻게 고소할 수 있을까요?

■ 예수님께서 간음한 여인을 정죄할 때:
율법에는 간음한 여인은 돌로 치도록 가르치고 있습니다. 하지만, 로마의 식민지 백성인 유대인들에게는 사형권이 없었습니다. 그런데 이 때는 일종의 출애굽 독립기념 절기인 초막절 다음날이어서 식민통치 아래 있던 유대인들에게 어느 때보다 선민의식과 율법준수 정신이 고취되어 있을 때입니다. 만약 예수님께서 이 여인을 정죄한다면 백성들은 정말 돌로 쳐 죽일 것입니다. 그런데 당시 로마 총독부는 이 같은 반란 선동죄는 반드시 사형으로 다스렸습니다.

■ 예수님께서 여인을 정죄하지 않을 때:
식민지인 이스라엘 내에는 율법과 관련된 백성들의 제반 문제를 다루고 시행하는 민족대표 기구 성격의 산헤드린 공의회가 있었습니다. 이들에게는 비록 사형권은 없었지만 여기서 공식적으로 율법을 어긴 것으로 정죄 받을 경우 모든 백성에게 반민족주의자로 낙인이 찍히게 됩니다.

2) 바리새인들은 이 여인을 어떤 눈으로 쳐다보았을까요? 그리고 "선생이여!"라고 예수님을 부르는 목소리에는 어떤 분위기가 담겨 있었을까요? 상상을 동원해서 말해봅시다.

- "이런 더러운 죄인을 봤나?"(멸시) • "이제 너는 끝장났다!"(교활함)
- "아주 요긴한 데 써먹을 수 있겠군!"(음모) • "감히 고결한 우리를 비난했어?!"(살의)

바리새인들은 가장 율법을 잘 지키는 사람이요, 가장 사랑이 많은 목자로 자처하고 있었습니다. 하지만, 그들의 내면에는 이처럼 악독한 것이 들어 있었습니다. 예수님은 바리새인과 서기관들의 이와 같은 태도에 대해 어떻게 분노하셨습니까?
마 23:25 화 있을진저 외식하는 서기관들과 바리새인들이여 잔과 대접의 겉은 깨끗이 하되 그 안에는 탐욕과 방탕으로 가득하게 하는도다 여러분이 재판장이라면 이 같은 바리새인들의 죄에 대해 어떻게 평가하시겠습니까?

3. 나도 너를 정죄치 아니하노니 – 예수님의 용서

1) 한동안 침묵하시던 예수님께서는 무슨 말씀을 하셨습니까?(7)

그러자 어떤 일이 일어나게 되었습니까?(9)

당신이 그 상황에서 예수님과 똑같은 말을 했다고 하면 동일한 결과가 일어났을까요?

예수님의 말씀에 이 같은 능력이 따르는 이유는 예수님의 말씀은 사람들의 마음과 생각까지 벌거벗은 것처럼 드러나게 하는 진리이기 때문입니다.

히 4:12–13 하나님의 말씀은 살아 있고 활력이 있어 좌우에 날선 어떤 검보다도 예리하여 혼과 영과 및 관절과 골수를 찔러 쪼개기까지 하며 또 마음의 생각과 뜻을 판단하나니 지으신 것이 하나도 그 앞에 나타나지 않음이 없고 우리의 결산을 받으실 이의 눈 앞에 만물이 벌거벗은 것 같이 드러나느니라

2) 예수님은 그녀에게 어떤 말씀을 하셨습니까? 그리고 어떤 명령을 하셨습니까?(11)

이를 위해 예수님은 그녀에게 어떤 새로운 삶의 길을 알려 주셨습니까?(12)

생명의 빛에 대한 말씀을 들을 때 그녀는 금방 초막절 횃불을 떠올리게 되었을 것입니다.

초막절에는 모든 사람들이 풀로 만든 임시 텐트(초막)에서 생활했고, 저녁에는 초막마다 횃불을 밝혔기 때문입니다. 이것은 매일 광야에서 길을 잃지 않도록 그들의 걸음을 인도하던 불기둥을 상징하는 것입니다.

이 같은 예수님의 용서에는 어떤 결단이 담겨 있는 것이었습니까?

요 8:21 다시 이르시되 내가 가리니 너희가 나를 찾다가 너희 죄 가운데서 죽겠고 내가 가는 곳에는 너희가 오지 못하리라

이 말씀은 예수님께서 당신의 십자가를 처음 예언하시는 장면입니다.

 나의 이야기

■ 나에게는 현장에서 간음하다 잡힌 여인의 모습이나 반대로 바리새인이나 서기관들과 같은 모습이 없는지 살펴보고 그 같은 죄에서 자기를 건져주신 예수님의 십자가를 되새기는 시간을 가집시다.

예수와 놋뱀

구약에서 십자가를 가장 잘 상징하는 것은 광야에서 모세가 든 놋뱀이었습니다.
그런데 우리는 가끔 구원의 상징이 어째서 놋뱀인지를 의아해 하게 됩니다.
사랑스런 구주의 예표가 백합화나 비둘기가 아니라 왜 하필 놋뱀이었을까요?

어느 날 한 선교사가 아주 인상깊은 꿈을 꾸었습니다. 그것은 십자가 상의
그리스도였습니다.

그런데 그의 눈에 비친 그리스도는 거룩한 희생양의 모습이
아니라 말할 수 없이 추하고 구역질나는 모습이었습니다.

악몽에서 깬 그는 꿈의 의미에 대해 고민하였습니다.

'무엇이 구주를 그렇게 무시무시하게 만들었단 말인가?'

그때 그는 바로 자신이 그리스
도와 함께 십자가에 못 박혔
다는 사실을 깨닫게 되었습니
다. 갈보리 언덕에는 그리스도만 있었던 것이 아니라 혐오스러운
자기의 옛 자아가 함께 달려 있었던 것입니다.

예수님은 저주받은 나무 위에서 범죄한 인간과 하나 되시고 불의한 인류와 합해지셨습니
다. 이처럼 죽음의 독소로 가득 찬 우리 자아가 주와 함께 십자가에 못 박혔기 때문에 뱀
이상 적당한 십자가의 상징이 어디 있겠습니까?
광야에서 모세가 놋뱀을 든 것과 같이 그리스도의 십자가는 높이 서 있습니다.
지금도 그분의 거룩한 죽음 속에서 추악한 자기의 죽음을 본 사람이 구원에 이릅니다.

천국을 얻은 삭개오

 마음열기

나는 지금 언제든지 하나님께 나아가 천국의 보화를 마음껏 소유하는 삶을 누리고 있습니까? 그렇지 못합니까?

먼저읽기

예수님은 누구든지 나와서 아무런 조건 없이 구원을 받으라고 초청하셨습니다. 그리하여 세리나 창녀, 죄인이나 이방인 등 남들이 봐도 그렇고 스스로 생각해도 구원받을 수 없던 사람들이 마구 천국에 들어갈 수 있게 되었습니다. 이 같은 모습은 정통 유대인들의 눈에는 너무도 충격적인 것이어서 마치 그들이 천국에 '입장' 하는 것이 아니라 '침입' 하는 것처럼 보일 정도였습니다. 그리고 이렇게 들어간 사람들은 천국에 있는 너무나도 보배로운 축복들을 마음껏 가지게 됩니다. 이것 역시 유대인들의 눈에는 빼앗는 것으로 보일 정도였습니다. 여기에 대해 예수님은 '신약시대가 시작되면서부터 천국은 침입을 당하고 있고, 침입한 자는 천국의 보화를 빼앗게 된다' 고 표현하셨습니다(마 11:12). 우리는 자격이 없지만 예수님의 약속을 의지함으로 천국으로 침입해 들어가야 합니다. 그리고 천국에 있는 보화들을 믿음으로 마음껏 소유해야 합니다.

 **생각하기**

누가복음 19장 1–10절을 먼저 읽으세요.

1. 예수님께 나아가는 삭개오

1) 삭개오가 예수님께 나아가는데 있었을 어려움 세 가지를 찾아봅시다.

ⓐ 2절 앞부분 : ☐☐ 라는 부끄러운 직업

ⓑ 2절 뒷부분 : 부자와 조직의 장이라는 위치에 대한 만족

ⓒ 3절 : 개인적인 ☐☐☐

a, b, c가 왜 어려움이 되었을지 아래의 설명을 참고해서 생각해 봅시다.

> ⓐ 그 당시 세리는 식민지 이스라엘에서 할당된 세금을 걷어 로마에 바치고 나머지로 자기 배를 채우는 직업으로, 매국노의 대명사였습니다. 사람들은 최소한 이런 자는 구원받을 자격도 없다고 생각해, 의도적으로 그의 앞을 막아 예수님을 만날 수 없도록 방해했는지도 모릅니다.

ⓑ 부자였고, 세리장의 자리까지 오른 사람은 사회적으로 볼 때 어쨌거나 성공한 사람입니다. 이런 사람은 애써 진리를 찾아 모험을 감수하기보다 자기 위치에 만족하며 살 가능성이 훨씬 큽니다.

ⓒ 개인적인 핸디캡이나 열등감은 다른 사람과의 관계에 있어서 방해될 때가 많습니다.

2) 그러나 그는 이 같은 어려움을 어떻게 극복하고 있습니까?(4)
삭개오의 이 같은 행동에 대해 생각해 봅시다.

2. 삭개오에게 말씀하신 예수님

1) 예수님은 삭개오를 처음 보실 때 어떤 행동을 하셨습니까?(5)

ⓐ 회개하라고 책망했다.　　　　　ⓑ 너무 죄가 많기 때문에 외면했다.
ⓒ 회개하면 용서해주시겠다고 했다.　ⓓ 아무 조건 없이 받아주셨다.

이것은 예수님이 얼마 전 세리 마태를 제자로 부르실 때와 어떻게 비슷합니까?
눅 5:27 그 후에 예수께서 나가사 레위라 하는 세리가 세관에 앉아 있는 것을 보시고 나를 따르라 하시니

2) 이 말씀을 들은 삭개오와 레위의 반응은 무엇입니까?(6)
눅 5:29 레위가 예수를 위하여 자기 집에서 큰 잔치를 하니 세리와 다른 사람이 많이 함께 앉아 있는지라

3) 예수님의 이 같은 태도에 대해 사람들은 어떤 반응을 보였습니까?(7)
눅 5:30 바리새인과 그들의 서기관들이 그 제자들을 비방하여 이르되 너희가 어찌하여 세리와 죄인과 함께 먹고 마시느냐
사람들이 왜 이런 반응을 보였다고 생각하십니까? 앗수르가 용서받았을 때 요나가 보였던 분노와 연관지어 생각해 봅시다.

3. 변화된 삭개오

1) 예수님을 집에 모신 삭개오와 마태는 어떤 결정을 내리고 있습니까?(8)
눅 5:28 그가 모든 것을 버리고 일어나 따르니라
예수님을 모실 때 일어나는 변화에 대해 생각해 봅시다.

2) 이것에 대해 예수님은 어떻게 말씀하셨습니까?(9)

나다나엘
용서받은 여인
삭개오
부자청년
마르다와 마리아
마리아
디모데
바나바
사마리아여인 1
사마리아여인 2

3) 예수님께서 세상에 오신 이유는 무엇입니까?(10)

눅 5:31-32 예수께서 대답하여 이르시되 건강한 자에게는 의사가 쓸 데 없고 병든 자에게라야 쓸 데 있나니 내가 의인을 부르러 온 것이 아니요 죄인을 불러 회개시키러 왔노라

예수님은 오늘도 누구에게 구원의 역사를 이루고 계십니까?

 나의 이야기

■ 내가 예수님께 진심으로 나아가는 데 방해가 되는 것이 있다면 무엇입니까?

사람들의 정죄 :

나의 자기만족 :

나의 열등감 :

■ 삭개오와 같은 사람을 바라보는 나의 눈은 예수님의 눈입니까? 그 반대입니까?

정답 | ①세리 ②열등감

예수님이 가르치신 구원

우리는 흔히, 구원을 죽어서 천국 가는 것으로 생각합니다.

많은 사람에게 구원은 천국의 생명보험증서 정도밖에 되지 않는 것 같습니다. 그들은 일주일에 한 번씩 주 정기저축과 보험료를 납부하기 위해서 교회에 옵니다.

하지만, 세상에서의 삶은 과거와 똑같습니다.

이것은 예수님이 가르치신 참된 구원이 아닙니다.

예수님은 구원받은 삭개오에게 "이제 죽더라도 천국 갈 자신이 있느냐?"라고 묻지 않으셨습니다.

예수님이 하신 말씀은 "오늘 구원이 이 집에 이르렀다"였습니다.

구원은 죽어서 천국 가는 것도, 신학적이고 복잡한 어떤 것도 아닙니다. 그것은 단지 그리스도의 통치 아래 들어가는 것입니다.

그리고 그리스도께서 통치하시는 곳, 그곳이 바로 천국입니다.

예수님께서는 구원받은 성도들이 지금 이 땅 위에서부터 천국을 누리며 살도록 만드셨습니다. 이와 같은 구원은 구원받은 사람의 삶 속에서 철저하고 다양한 변화를 일으킵니다.

불평과 불만을 기쁨과 감사로 바꾸어 놓습니다.

사람의 가치관이나 방식보다 하나님 말씀대로 따르게 합니다. 눈에 보이는 세상보다 영원한 하나님 나라를 위해서 살게 합니다. 그리고 그리스도의 통치가 이 땅에 완성될 그날을 최대의 소망으로 사모하게 합니다.

세상은 구원받은 우리의 모습 속에서 구원자 예수님을 추측하게 됩니다.

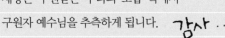

근심하며 돌아간 부자 청년

먼저읽기

우리는 지금까지 돈과 하나님을 사이좋게 섬길 수 있다고 생각해 왔습니다.

서로 역할을 분담하여 주일은 하나님이, 평일은 돈이 맡고 영적인 일은 하나님이, 일상적인 일은 돈이 해결하고 내세는 하나님이 맡고, 현세는 돈이 책임지고 교회에서는 하나님을, 세상에서는 돈을 추구하는 삶을 살아왔습니다.

이에 더하여 우리는 돈과 하나님은 서로에게 시너지효과를 주는 친밀한 것으로 믿어왔습니다. 돈을 잘 벌면 신앙생활을 잘하게 되고, 교회에서 인정도 받을 수 있으며, 반대로 신앙생활을 잘하면 돈도 잘 벌리고 세상에서 성공도 할 수 있다고 생각하는 것입니다.

그러나 성경은 사람이 하나님과 돈을 겸하여 섬기는 것이 절대 불가능하다고 선언하고 있습니다. 돈은 결코 섬김과 사랑의 대상이 아니라 부림의 대상일 뿐입니다.

 마음열기

나에게 있어 돈은 부림의 대상입니까?
혹시 섬김과 사랑의 대상은 아닙니까?

생각하기

마가복음 10장 17–25절을 찾아서 펴놓고 물음에 답하세요.
이 이야기는 마태복음(19:16–24)과 누가복음(18:18–25)에도 모두 기록되어 있습니다.

1. 성경은 이 사람의 신상에 대해 어떻게 소개하고 있습니까?

• 나이 : ☐☐　　　• 재산 : ☐☐☐　　　• 신분 : ☐☐

마 19:22 그 청년이 재물이 많으므로 이 말씀을 듣고 근심하며 가니라
눅 18:23 그 사람이 큰 부자이므로 이 말씀을 듣고 심히 근심하더라
눅 18:18 어떤 관리가 물어 이르되 선한 선생님이여 내가 무엇을 하여야 영생을 얻으리이까

하지만, 그는 어떤 자세로 예수님께 나오고 있습니까?(17)
그리고 예수님께 어떤 질문을 하고 있습니까?
그가 가지고 있는 갈급함은 무엇에 대한 것입니까?
이상의 모습을 통해 볼 때 이 청년은 가난한 마음을 가지고 있고 진리를 찾고자 하는 좋은 사람입니다.

2. 예수님은 이 청년의 질문에 답변을 하기 전에 먼저 어떤 질문을 하고 계십니까?(18)

이런 질문을 하신 이유는 비록 예수님께 나오긴 했지만 예수님이 누구신지에 대해 깊이 생각하지 않고 있던 그 청년에게 당신이 누구신지를 진지하게 생각하도록 하기 위함입니다.

원래 '선하다'는 용어는 하나님께만 사용하는 것이지만 점차 종교 지도자들에게 예의를 갖추기 위한 말로도 사용되었습니다. 곧 예수님은 그 청년에게 예수님을 자기 인생에 바른 길을 제시해 줄 참 하나님으로 믿고 있는지, 아니면 그저 예의적인 존칭으로 사용했는지에 대해 점검해 보도록 하신 것입니다. 예수님을 누구로 인식하느냐 하는 것은 구원에 있어 가장 중요한 일입니다.

3. 예수님은 영생을 얻는 길에 대해 무엇을 말씀하셨습니까?(19)
이것은 무슨 계명의 내용입니까?
예수님은 십계명 중 왜 이웃사랑에 대한 계명만을 언급하셨을까요?
요일 4:20 누구든지 하나님을 사랑하노라 하고 그 형제를 미워하면 이는 거짓말하는 자니 보는 바 그 형제를 사랑하지 아니하는 자는 보지 못하는 바 하나님을 사랑할 수 없느니라

4. 이에 대한 청년의 대답은 무엇이었습니까?(20)
그의 고백대로 이 청년은 외적으로는 율법을 철저하게 지키고 있었습니다. 하지만, 그것이 구원에 대한 그의 불안감을 없애주지 못했습니다. 이것은 율법으로는 결코 의롭다 함을 얻을 수 없음을 보여줍니다.
롬 3:20 그러므로 율법의 행위로 그의 앞에 의롭다 하심을 얻을 육체가 없나니 율법으로는 죄를 깨달음이니라

5. 예수님은 이 같은 청년의 모습을 어떻게 보셨습니까?(21상)
예수님은 그 청년이 젊고, 부자이고, 명예도 있을 뿐 아니라 종교적으로도 흠이 없는 사람이었지만 그런 것으로 인해 자기 만족에 빠져 살지 않고 가난한 마음을 가지고 있었기 때문에 사랑의 눈으로 보셨습니다.

그리하여 예수님은 그에게 있는 한 가지 부족한 것을 채울 수 있는 방법으로 무엇을 제시하셨습니까?(21하)
예수님은 왜 이 같은 도전을 하셨을까요?

나다나엘
용서받은 여인
삭개오
부자청년
마르다와 마리아
마리아
디모데
바나바
사마리아여인 1
사마리아여인 2

모든 재산을 팔아 구제하고 나를 좇으라는 예수님의 말씀은 모든 사람들에게 보편적으로 적용되는 구원의 길로 말씀하신 것이 아닙니다. 예수님은 그 청년이 율법의 외형을 지키는 데는 부족함이 없었지만 율법의 정신을 지키는 데는 실패하고 있음을 아셨습니다. 율법의 정신을 요약하면, 하나님과 이웃을 최고로 소중하게 여기는 것입니다. 영생의 길에 대해 "모든 재산을 팔아 구제하고, 나를 좇으라"라는 예수님의 도전은 그 청년에게 영생의 길이 율법의 외형이 아니라 정신을 지키는 데에 있음을 말씀하시는 것이며, 어떤 대가 지불에도 불구하고 이 같은 율법의 정신을 지킬 의사가 있는지를 물어보시는 것입니다.

6. 이 도전 앞에서 부자 관원 청년은 어떤 반응을 보이고 있습니까?(22하)
성경은 이 같은 반응의 주된 이유가 무엇이라고 설명하고 있습니까?(22상)
그 청년이 최고로 소중히 여기는 것은 재물이었습니다.
하나님과 이웃보다 재물을 소중히 여기는 사람은 결코 구원의 길을 얻을 수 없습니다.
마 6:24 한 사람이 두 주인을 섬기지 못할 것이니 혹 이를 미워하고 저를 사랑하거나 혹 이를 중히 여기고 저를 경히 여김이라 너희가 하나님과 재물을 겸하여 섬기지 못하느니라

 나의 이야기

■ 부자 청년에게 있는 훌륭한 점과 어리석은 점을 이야기해 봅시다.

■ 부자 청년에게 주는 충고의 쪽지를 한번 써 봅시다.

정답 | ①청년 ②큰 부자 ③관리

하나님을 사랑하는 이유

많은 사람은 하나님을 자기가 이 세상에서 출세하고 성공하는 것을 돕기 위해 존재하는 것처럼 생각합니다. 그러나 하나님은 모든 피조물의 오직 유일한 목적이 되신 분입니다.

'우리가 왜 하나님을 사랑해야 하는가?'에 대한 가장 바른 대답은 '그분이 하나님이시기 때문에'입니다.

사실 하나님께서 행하시는 모든 일의 주된 목적은 엄밀하게 하나님 자신이십니다. 하나님은 창조와 구속 사역을 당신 자신의 선하신 즐거움을 위해 행하셨습니다.

"여호와께서 그가 기뻐하시는 모든 일을 천지와 바다와 모든 깊은 데서 다 행하셨도다" (시 135:6).

하지만, 하나님의 즐거움은 곧 모든 피조물의 즐거움이 되는 것입니다. 아이가 뛰노는 모습, 자연의 아름다움, 고즈넉한 저녁의 새소리 등만 생각해봐도 하나님께서 우리가 사는 세상이 즐거운 곳이 되게 하실 작정이었음을 알 수 있습니다.

하나님을 하나님이시기 때문에 사랑하는 사람은 자녀를 위해 준비하신 아버지의 무수한 보화를 발견하게 될 것입니다. 여기에는 자연의 아름다움, 따뜻한 가정, 건강함, 사랑, 음식, 음악과 예술 등 모든 즐거움들이 포함됩니다.

수백 년 동안 인류는 하나님 자신보다는 직접 이런 보물들을 발견하려고 노력해왔습니다. 이것은 인간의 짐이요, 재앙이었습니다. 하나님은 많은 보화 중의 하나일 수 없으며, 모든 보화 중에 가장 좋은 것일 수도 없습니다.

하나님은 우리에게 있어 전부이시거나 아니면 전무이실 뿐입니다.

마르다와 마리아

마음열기

나는 바쁘다는 말을 많이하는 편입니까?
나는 혹시 마음을 망침으로 바쁜 것은 아닙니까?

생각하기

누가복음 10장 38-42절을 펴서 읽고 아래의 질문에 답하세요.

1. 차이점 인정하기

예수님을 집에 모셨을 때 마르다와 마리아 자매는 각각 무엇을 했습니까?(39-40)

• 마르다: • 마리아:

요한복음에는 예수님께서 이 두 자매의 오빠인 나사로가 죽었을 때 찾아가신 일이 기록되어 있습니다. 그때 마르다와 마리아는 각각 어떤 반응을 보이고 있습니까?

요 11:20 마르다는 예수께서 오신다는 말을 듣고 곧 나가 맞이하되 마리아는 집에 앉았더라

이 두 가지 경우를 볼 때 마르다와 마리아는 성격상 어떤 차이가 있다고 생각하십니까?

세상에는 똑같은 성격과 취향과 재능의 사람들만 있는 것이 아닙니다. 이처럼 다양한 기질의 사람들이 함께 있다는 것은 우리가 특별히 하나님께 감사 드려야 하는 이유입니다. 꽃이 한 가지만 있고, 악기가 한 종류만 있고, 물감이 한 가지 색만 있다면 과연 세상은 어떠했을까요?

2. 자기의 것을 기뻐하며 발휘하기

음식을 준비하는 마르다의 상태는 어떠했습니까?(40상)

마르다는 예수님께 어떤 부탁을 하고 있습니까?(40하)

이 말을 하는 마르다의 표정과 말투가 어땠을지 상상해서 말해봅시다.
- 표정:
- 말투:

예수님은 마르다의 마음 상태가 어떠하다고 말하십니까?(41)

그녀의 마음에는 어떤 복잡한 생각들이 있었을지 아래에서 찾아서 말해 봅시다.
- 자신에 대한 생각: ☐, ☐
- 동생에 대한 생각: ☐, ☐
- 예수님에 대한 생각: ☐, ☐

> 예) ⓐ 불공평하다(서운함)   ⓑ 얄밉다(미움)   ⓒ 손해 보는 것 같다(피해의식)
> ⓓ 가치없게 느껴진다(열등감)   ⓔ 사정을 몰라준다(믿지 못함)   ⓕ 철이 없다(판단)

예수님은 이 같은 염려에 빠져 있는 마르다에게 어떤 권면을 하십니까?(42상)

예수님은 베드로에게 자기의 소명과 은사에 대해서 충실하고 다른 사람을 보지 말라는 충고를 어떻게 하고 계십니까?

요 21:21-22 이에 베드로가 그를 보고 예수께 여짜오되 주님 이 사람은 어떻게 되겠사옵나이까 예수께서 이르시되 내가 올 때까지 그를 머물게 하고자 할지라도 네게 무슨 상관이냐 너는 나를 따르라 하시더라

다른 사람의 차이점을 인정하고 자기가 받은 것을 기뻐하며 발휘하는 것은 서로의 다양성을 가장 아름답게 조화시키는 길입니다.

3. 하나님과의 관계에서 기억할 것

한편, 예수님은 마리아의 선택에 대해 무엇이라고 말씀하셨습니까?(42하)

이것은 보편적으로 마리아 같은 선택이 더 좋고 마르다 같은 선택은 열등하다는 의미는 결코 아닙니다. 마르다처럼 일하는 사람이 없다면 교회의 각 부서가 어떻게 되겠습니까? 이 말씀은 특별히 하나님과의 관계에서는 일하는 것에만 익숙하지 않도록 주의하라는 의미입니다. 하나님과의 관계에서는 반드시 조용히 귀 기울이는 시간이 필요한 것입니다.

시 27:4 내가 여호와께 바라는 한 가지 일 그것을 구하리니 곧 내가 내 평생에 여호와의 집에 살면서 여호와의 아름다움을 바라보며 그의 성전에서 사모하는 그것이라

예수님 앞에서 잠잠히 배웠던 마리아는 어떤 놀라운 깨달음을 가질 수 있었습니까?
막 14:8 그는 힘을 다하여 내 몸에 향유를 부어 내 장례를 미리 준비하였느니라
그녀는 아무도 예수님의 죽으심에 대해 인식하지 못하고 있을 때 홀로 향유를 부음으
로 예수님의 장례를 준비하였던 것입니다.

 나의 이야기

■ 나는 마르다에 가깝습니까? 마리아에 가깝습니까?

■ 나는 다른 사람의 차이점을 인정하고 자기가 받은 것을 기뻐하며 발휘하는 사람입니
까? 혹시 그렇지 못함으로 생긴 갈등은 없는지 나누어 봅시다.

정답 | ① c,d ② b,f ③ a,e

미운 신부

결혼식을 막 끝냈습니다. 신랑과 신부는 이제 그들 앞에 펼쳐질 무지갯빛 행복에 대해 생각하고 있습니다. 신부가 사뭇 진지하게, 그리고 한편으론 자신 있게 남편에게 말합니다. "저는 세상에서 제일 좋은 신부가 되고 싶어요. 그래서 제가 결심한 것들을 당신에게 서약하겠습니다."

아래는 신부의 서약 내용입니다.

"저는 집안을 항상 깨끗이 청소하겠어요. 밥 짓고 설거지하고 빨래하는 일들은 미루지 않고 항상 부지런히 하겠어요. 제가 이걸 잘 못할 때에는 엄한 벌을 주셔도 달게 받겠어요. 그리고 당신이 제게 많은 부담을 갖지 않도록 해드리겠어요. 그리고 이건 사소한건데 한 가지만 약속해주실 수 있겠어요? 제 할 일을 다 하고 난 뒤의 시간에 대해서는 제 사생활에 관여하지 말아주세요. 전 옛날 친구들과 옛날 방식대로 구애 안 받고 살고 싶거든요."

우리는 주님과 결혼하고 난 뒤, 신랑 되신 예수님께 두렵고 떨림으로(?) 십일조를 내고, 교회 일에도 열심을 냅니다. 또 우리에게 무슨 질병이나 어려운 일이 생기면 예수님께 도와달라고 간절히 기도합니다. 그리고 그 외의 나머지 생활은 자기 방식대로 옛날처럼 살아갑니다. 그러면서 자신을 아주 훌륭한 신부라고 자부하고 있습니다.

신랑 되신 예수님은 지금 속이 많이
상해 있습니다.
주제 파악 좀 합시다.
예수님은 우리를 신부로 불렀지,
식모로 부른 것이 아닙니다.

지금은
자유시간!

마리아

먼저읽기

중력은 모든 일에 영향을 미치는 불변의 힘입니다. 건물 꼭대기에서 발을 떼면 여지없이 바닥에 떨어지는 것은 중력의 법칙 때문입니다. 하지만, 과학자들은 일정한 조건만 충족되면 중력 대신에 작용하는 양력이라는 힘이 있음을 발견하게 되었습니다. 이 같은 양력의 법칙을 이용한 대표적인 발명품이 비행기입니다. 그리하여 엔진이 켜져 있으면 비행기는 추락하지 않고 하늘을 자유롭게 날아다닐 수 있는 것입니다.

그런데 영적으로도 중력의 법칙이 있습니다. 그것은 죄와 사망의 법입니다. 인간은 모두 죄와 사망의 법 아래서 범죄하고 죽을 수밖에 없습니다. 그러나 이것을 이기는 양력의 법칙도 있습니다. 그것은 예수님께서 주신 생명과 성령의 법입니다. 그리고 생명과 성령의 법이 통할 수 있는 조건은 말씀에 대한 순종입니다. 순종의 엔진을 힘 있게 켜고 있으면, 우리는 죄와 사망을 이기고 영적인 고공 비행을 할 수 있습니다.

 마음열기

영적으로 나는 범죄할 수밖에 없는 중력의 법칙 아래 있습니까? 예수님의 생명력으로 가득한 양력의 법칙 아래 있는 사람입니까?

생각하기

1. 수태고지를 받은 마리아 - 철저한 ☐☐

마리아는 16세의 꿈 많은 소녀로, 얼마 후에 있을 행복한 결혼식을 손꼽아 기다리고 있던 요셉의 약혼녀였습니다. 하지만, 그녀에게 천사가 나타나 충격적인 소식을 전했습니다.

눅 1:31 보라 네가 잉태하여 아들을 낳으리니 그 이름을 예수라 하라

이어서 천사는 동정녀인 그녀가 성령의 능력으로 말미암아 잉태하게 될 것이고, 나실 분은 다름 아닌 하나님의 아들이라는 믿을 수 없는 말씀을 하셨습니다.

눅 1:35 천사가 대답하여 이르되 성령이 네게 임하시고 지극히 높으신 이의 능력이 너를 덮으시리니 이러므로 나실 바 거룩한 이는 하나님의 아들이라 일컬어지리라

만약 당신이 이 충격적이고 믿을 수 없는 통지를 받게 된다면 무엇이라 대답했을까요?

- 말도 안 되는 소리하지 마세요. 어떻게 그런 일이 가능하단 말인가요?
- 당신이 누구라도 내 행복을 깨고, 내 생명을 위험에 처하게 하는 일은 할 수 없어요!
- 저는 그런 귀한 일에 사용될 만큼 정결하지 못합니다. 준비를 할 수 있게 기도할 시간을 좀 주세요.

하지만, 마리아는 어떻게 대답하고 있습니까?

눅 1:38 마리아가 이르되 주의 여종이오니 말씀대로 내게 이루어지이다 하매 천사가 떠나가니라

그녀의 이 한 마디는 요셉과 만들 행복도, 생명의 안전도, 아름다운 평판도 다 포기하는 것이었습니다. 결혼 안 한 여자가 임신을 하면 파혼은 물론이고, 사람들에게 돌에 맞아 죽을지도 모르는 것이 당시 사회 분위기였습니다. 마리아는 그 믿을 수 없는 일을 믿었으며, 그 엄청난 위험을 기꺼이 감수했습니다.

또 그녀는 자신이 메시아를 잉태하기에 무한히 부족한 죄인임을 잘 알고 있었음에도 불구하고, 하나님의 음성 앞에 즉각 순종할 만큼 겸손했습니다.

2. 예수님을 양육하는 마리아 - 변함없는 ☐☐

천사의 수태고지에 동의하는 순간부터 마리아의 삶은 모든 것이 잘못되기 시작했습니다.

- 더할 수 없이 착한 요셉으로부터도 오해받고, 파혼을 당할 뻔한 심적 고통
- 가장 비참한 마구간에서 이루어진 '하나님의 아들' 출산
- 예수님의 출생을 시기하는 사단으로 말미암은, 무죄한 아이들의 대학살
- 아들의 생명을 지키기 위해 이집트로의 피난살이

선지자 시므온은 이 같은 마리아의 고통을 미리 내다보고 이렇게 예언했습니다.

눅 2:34-35 시므온이 그들에게 축복하고 그의 어머니 마리아에게 말하여 이르되 보라 이는 이스라엘 중 많은 사람을 패하거나 흥하게 하며 비방을 받는 표적이 되기 위하여 세움을 받았고 또 칼이 네 마음을 찌르듯 하리니 이는 여러 사람의 마음의 생각을 드러내려 함이니라 하더라

하지만, 이것보다 마리아를 더 괴롭게 한 것은 하나님의 아들로 오신 예수께서 30년 동안 아무것도 하지 않고 그저 평범한 목수로 있는 모습을 지켜보는 것이었습니다. 이것은 그녀에게 '지금까지 당했던 모든 수고가 헛것이 아닌가?' 하는 의구심을 일으켰을지도 모릅니다. 하지만, 마리아는 자기가 받았던 말씀을 끝까지 포기하지 않고 마음에 간직했습니다.

눅 2:18-19 듣는 자가 다 목자들이 그들에게 말한 것들을 놀랍게 여기되 마리아는 이 모든 말을 마음에 새기어 생각하니라

눅 2:51 예수께서 함께 내려가사 나사렛에 이르러 순종하여 받드시더라 그 어머니는 이 모든 말을 마음에 두니라

3. 하나님의 아들을 지켜보는 마리아 - 완전한 ☐☐

드디어 예수님의 메시아로서의 사역이 시작되었습니다. 하지만, 거기에는 또 다른

나다나엘

용서받은 여인

삭개오

부자청년

마르다와마리아

마리아

디모데

바나바

사마리아여인1

사마리아여인2

고통이 기다리고 있었습니다.

마리아가 혼인 잔치에서 포도주가 떨어진 일로 도움을 청했을 때 예수님은 무슨 말씀을 하셨습니까?

요 2:4 예수께서 이르시되 여자여 나와 무슨 상관이 있나이까 내 때가 아직 이르지 아니하였나이다

또 마리아와 형제들이 예수님을 찾아갔을 때 예수님은 모여 있던 회중을 보시며 "누가 내 모친이며 내 동생들이냐 하시고…누구든지 하늘에 계신 내 아버지의 뜻대로 하는 자가 내 형제요 자매요 모친이니라"라고 말씀하셨습니다.

이것은 예수님이 마리아에게, 당신의 어머니로서가 아니라 당신의 피조물로서 설 수 있도록 점검하고 계신 것입니다. 정서적으로 아들과 저 멀리 분리되는 경험은 무척 큰 고통이었을 것입니다. 하지만, 그녀는 이같이 서운한 말씀에도 불구하고 묵묵히 자신의 일을 행하고 있습니다.

요 2:5 그의 어머니가 하인들에게 이르되 너희에게 무슨 말씀을 하시든지 그대로 하라 하니라

마리아가 당한 가장 큰 고통은 아들의 죽음을 목격하는 고통이었습니다.

요 19:25 예수의 십자가 곁에는 그 어머니와 이모와 글로바의 아내 마리아와 막달라 마리아가 섰는지라

아들의 죽음을 눈으로 목도해야 하는 그녀의 마음은 얼마나 아팠을까요? 이것은 육체적으로 차라리 자기가 죽는 것보다 더 큰 고통이었고, 또한 끊임없이 지켜온 믿음을 근원부터 비트는 정신적인 고문이었을 것입니다. 하지만, 그 순간까지도 그녀는 아무런 원망이나 탄식도 없이 그저 묵묵히 십자가 곁을 떠나지 않았습니다. 이 같은 마리아의 삶은 예수님을 잉태하고, 그분을 세상에 나타내며, 주의 뜻이 온전히 이루어지도록 돕는 피조물의 아름다운 자세입니다.

 나의 이야기

■ 마리아의 신앙과 자신의 신앙을 비교하여 살펴보고 기도하는 시간을 가집시다.

철저한 순종

변함없는 믿음

완전한 헌신

정답 | ①순종 ②믿음 ③헌신

희생을 통하여 전진하는 하나님 나라

구 소련에서 있었던 일입니다. 한 목사님이 신앙 때문에 14년형을 받아 감옥에 갇히게 되었습니다. 하지만, 그는 하나님께서 감옥을 자신의 선교지로 주셨다고 믿고 그 안에서 가장 흉측한 범죄자부터 전도하기 시작했습니다. 그가 처음 기도하면서 노력을 기울인 사람은 살인자였는데 그는 너무 잔인해서 간수들조차 두려워할 정도였습니다.

목사님은 하루 12시간의 중노동을 하면서도 금식기도만이 그에게 복음을 전할 수 있는 유일한 방법이라는 생각에, 교도소의 음식을 거절하기 시작했습니다. 그리고 다른 사람들이 지쳐 잠에 곯아떨어지면 마룻바닥에 엎드려 그 살인자의 구원을 위해 기도했습니다.

그렇게 며칠 밤을 무릎 꿇고 기도하고 있을 때 그 살인자가 잠을 깨 목사님이 자기를 위해서 기도하고 있음을 듣고 그동안의 잘못을 뉘우치고 회개하게 되었습니다. 그의 변화는 너무 엄청났기 때문에 그 소문은 교도소 전체로 퍼져나갔고, 마침내 교도소 소장이 목사님을 불러 그 살인자에게 어떻게 했는지를 묻게 되었습니다. 목사님은 자기는 단지 기도했을 뿐이고 하나님께서 그를 변화시키셨다고 말했습니다.

교도소 소장은 "하나님이란 존재는 믿지 않지만 그 같은 변화는 환영하니 더 많은 사람에게 살인자에게 했던 것처럼 해주시오"하고 요청하면서 그에게 좀 더 쉽고 시간이 남는 부엌일을 맡겼습니다. 얼마 후 소련 전역에서 두 번째로 악명 높던 그 교도소는 점점 더 많은 사람이 예수님께 돌아옴으로써 분위기가 놀랍게 바뀌게 되었습니다.

그 후 목사님는 "가장 악명 높은 교도소에서도 그 같은 변화를 가져올 수 있다면 조기석방을 시켜주겠다"라는 약속과 함께 소련에서 가장 악명 높은 교도소로 이송되었습니다.

하나님의 역사는 그 두 번째 감옥에서도 놀랍게 일어나기 시작했고 마침내 교도소에서는 그에게 출옥을 허락했습니다.

그때 그는 아내에게 그의 결정에 대해 이해해줄 것을 간청하는 한 통의 고통스러운 편지를 썼습니다. 그 편지의 내용은 교도소에서의 사역을 계속하기 위하여 석방을 거절하려 한다는 것이었습니다. 하나님 나라는 지금도 희생을 통하여 전진하고 있는 것입니다.

신실한 사람 디모데

 마음열기

디모데는 예수님께 우표같은 사람이었습니다. 나는 예수님께 (   ) 같은 사람이라고 말할 수 있을까요?

성경주석가는 디모데를 우표에 비유했습니다.
우표는 편지를 목적지까지 보내는 역할을 합니다.
디모데는 그의 인생 대부분을 바울이 자기를 보낸 곳에 가서 바울의 메시지를 전하는 데 사용했습니다.
디모데에게 있어 그가 가는 곳이 어디인지는 전혀 문제가 되지 않았습니다.
그는 우표처럼 바울이 보내는 곳이면 무조건 갔던 것입니다.
한 사람의 인격을 확인해 볼 수 있는 좋은 방법 가운데 하나는 자기가 나타나지 않는 일을 얼마나 진심으로 할 수 있느냐 하는 것입니다.

 생각하기

1. 디모데 다시 보기

디모데 하면 보통 그의 겁 많음이나(딤후 1:7), 그의 건강하지 못함(딤전 5:23), 혹은 그의 나이 어림(딤전 4:12)이 가장 먼저 떠오르곤 합니다.

맞습니다. 디모데에게는 이와 같은 유약한 면이 있었습니다. 하지만, 이것이 디모데의 모습 전부는 아닙니다.

바울은 그에 대해 어떻게 말하고 있습니까?

빌 2:19-20 내가 디모데를 속히 너희에게 보내기를 주 안에서 바람은 너희의 사정을 앎으로 안위를 받으려 함이니 이는 뜻을 같이하여 너희 사정을 진실히 생각할 자가 이 밖에 내게 없음이라

고전 4:17 이로 말미암아 내가 주 안에서 내 사랑하고 신실한 아들 디모데를 너희에게 보내었으니 그가 너희로 하여금 그리스도 예수 안에서 나의 행사 곧 내가 각처 각 교회에서 가르치는 것을 생각나게 하리라

또 바울이 로마 감옥에서 순교를 앞두고 마지막으로 꼭 보고싶어 했던 사람 역시 디모데였습니다. 디모데는 비록 외적으로 강하게 드러나는 지도력은 없었지만, 믿음직하고

끝까지 변함없고 많은 사람에게 기쁨을 주는 인물이었습니다.
디모데는 어떻게 이와 같은 모습으로 성장할 수 있었을까요?

2. 디모데의 훈련

1) ☐☐☐☐을 잘 받은 디모데

딤후 1:5 이는 네 속에 거짓이 없는 믿음이 있음을 생각함이라 이 믿음은 먼저
네 외조모 로이스와 네 어머니 유니게 속에 있더니 네 속에도 있는 줄을 확신하
노라

디모데는 바울의 전도를 받고 크리스천이 되기 전에 먼저 그의 외할머니와 어머
니를 통해 바른 행실과 정직한 삶을 배웠습니다. 또한, 그는 어려서부터 유대교
인이었던 어머니에게서 성경을 통해 경건한 삶의 훈련을 받았습니다. 그리하여
그는 자기 마을뿐 아니라 이웃, 이고니온 성읍에까지 칭찬받는 사람이 되었습니
다(행 16:2).

가정은 하나님께서 여러분의 인격을 다듬고 성장시키기 위해 주신 안전한 훈련
장입니다. 우리는 먼저 가정에서 좋은 인품을 연마해야 합니다.

2) 확실한 ☐☐의 체험을 가진 디모데

딤후 3:10-11 나의 교훈과 행실과 의향과 믿음과 오래 참음과 사랑과 인내와 박
해를 받음과 고난과 또한 안디옥과 이고니온과 루스드라에서 당한 일과 어떠한
박해를 받은 것을 네가 과연 보고 알았거니와 주께서 이 모든 것 가운데서 나를
건지셨느니라

루스드라에 살던 디모데의 가족들은 제 1차 전도여행 중이던 바울을 통해 복음
을 듣고 회심하게 되었습니다. 그때 대략 14세 정도였던 디모데는 바울에게서
생명력 있는 말씀을 들었고, 앉은뱅이를 일으키는 능력을 보았으며, 사람들이
그를 신이라고 부르며 경배하려고 할 때 오직 하나님께 영광을 돌리라고 외치는
바울의 겸손한 태도도 보았습니다. 또한, 변덕스런 사람들로 인해 돌에 맞아 죽
어 버려지는 바울을 보았고, 그 속에서 기적적으로 다시 살아나게 하시는 하나
님의 구원도 보았습니다. 이 같은 강렬한 회심의 체험은 결코 잊혀지지 않는 것
이었습니다.

3) 좋은 ☐☐가 된 디모데

빌 2:22 디모데의 연단을 너희가 아나니 자식이 아버지에게 함같이 나와 함께
복음을 위하여 수고하였느니라

디모데는 회심한 지 약 5년 후 루스드라를 두 번째로 방문한 바울의 초청으로 선
교팀의 일원이 되었습니다. 당시 채 20세도 되지 않은 디모데는 이때부터 바울

나다나엘

용서받은 여인

삭개오

부자청년

마르다와마리아

마리아

디모데

바나바

사마리아여인 1

사마리아여인 2

과 함께하는 16년 동안 참으로 좋은 제자가 되었습니다.
좋은 제자가 된 사람이 좋은 지도자가 될 수 있습니다.

4) 성공과 [ ][ ]를 통해서 성숙한 디모데
디모데는 바울이 보내는 곳으로 가서 바울의 메시지를 전하는 사역을 했습니다.
그는 데살로니가 교회를 위로하여 환난 중에 요동치 않게 하기 위해 보냄을 받았
습니다(살전 3:1-3). 여기서 그는 아름다운 결실을 맺고 돌아오게 되었습니다(살
전 3:6).
그러나 고린도 교회의 문제를 해결하기 위해 보냄 받았던 때(고전 4:17)는 처참한
실패를 경험하고 되돌아오기도 했습니다.
하지만, 그 같은 실패 가운데서도 바울은 디모데를 인정하고 기다렸으며, 디모데
는 실패를 통해서 더욱 성장하게 되었습니다. 사람들은 성공보다는 실패를 통해서
더욱 많이 성장하고 있습니다. 그러므로 실패하는 것을 두려워해서는 안 됩니다.

3. 디모데와 성경
디모데가 이렇게 훌륭하게 성장할 수 있었던 것은 바울이라는 위대한 스승이 있었기
때문입니다. 하지만, 바울이 아무리 훌륭한 스승이어도 항상 그와 함께할 수는 없었
습니다.
이 때문에 바울은 그에게 디모데전후서를 보내었습니다.
그리고 그에게 무슨 권면을 하고 있습니까?
딤전 4:13 내가 이를 때까지 읽는 것과 권하는 것과 가르치는 것에 전념하라
오늘도 하나님의 말씀은 어떤 상황 속에서도 사람을 성장시키는 가장 위대한 힘이 됩
니다.

 나의 이야기

■ 디모데가 받은 훈련 중 자신에게 부족한 것은 무엇인지 살펴봅시다.
가정교육
확실한 회심의 체험
좋은 제자가 됨
성공과 실패의 경험

정답 | ①가정교육 ②회심 ③제자 ④실패

바울과 디모데

몇 십 년 전에 작고한 나가오 목사님의 이야기입니다.

나가오 목사는 불교가 왕성한, 한 마을에서 개척전도를 시작했습니다. 신자라고는 아내와 그 무릎에 앉아 있는 젖먹이뿐이었고, 설교를 들으러 오는 사람은 아무도 없었습니다. 그러나 나가오 목사는 5년 동안 한 사람도 오지 않는 곳에서 일요일마다 열변을 토했다고 합니다. 극심한 가난과 절망적인 상태가 계속되었지만 나가오 목사는 끈질긴 인내로 이겨내어, 결국 5년 만에 첫 신자가 생겼고 교회가 세워지게 되었습니다.

나가오 목사는 거지가 찾아오면 평소에 자기들은 보리밥을 먹고 있음에도 불구하고 반드시 따뜻한 쌀밥을 지어 주었습니다. 다른 사람들이 "일부러 그렇게 할 필요까지 있겠느냐?"라고 비난하면 그의 아내는 "저 사람들은 언제나 찬밥과 먹다 남은 밥을 먹었지 따뜻한 밥은 먹은 일이 없잖아요"라고 웃으면서 대답했다고 합니다.

오랜 후 나가오 목사가 이곳을 떠나게 되었을 때 거지들이 모두 역의 개찰구로 몰려와서 잠시라도 좋으니 목사님을 전송할 수 있게 해달라고 애원을 했고, 감동받은 역장의 배려로 거지들은 모두 무료로 플랫폼에 들여보내졌다고 합니다.

한번은 목사님의 집에 폐결핵을 앓고 있는 신학생이 신세를 지러 들어왔습니다. 당시 폐결핵은 사망률이 결코 낮지 않은 전염병이었기 때문에 가난하고 아이도 있었던 목사님은 거절하려면 얼마든지 거절할 수 있었습니다. 하지만, 나가오 목사님 부부는 이 가슴을 앓는 청년을 가족처럼 정성을 다해 돌보아 주었습니다. 그 신학생이 뒤에 빈민가에 뛰어들어 뜨거운 사랑의 전도자로서 이름을 알리게 된 바로 '세계의 가가와'가 되었습니다. 가가와 목사는 늘 "사랑이란 남의 실패나 실수를 뒤치다꺼리하는 것이다"라고 입버릇처럼 말했습니다. 그것은 나가오 목사 부부의 사랑을 받아오던 중에 발견한 진리임이 틀림없습니다.

바울이 디모데의 좋은 스승이었던 것처럼 우리도 내 주변의 사람들에게 좋은 바울이 될 수 있어야 합니다.

위로의 아들 바나바

한 초등학교 선생님이 학생들에게 끈을 나누어주고 오른손을 뒤로 돌려 허리띠에 묶으라고 했습니다. "오늘은 오른손을 쓰지 않고 수업을 해요. 공부든 식사를 할 때든 누구도 오른손을 써서는 안 돼요." 하루 수업이 모두 끝나고 선생님이 학생들에게 끈을 풀라고 하자 "왜!"하고 소리를 지르는 아이들도 있었지만 대부분의 아이가 한 아이 쪽으로 조용히 모여들기 시작했습니다. 아이들이 말했습니다. "미안해. 난 네가 그렇게 불편하게 지내는 줄 정말 몰랐어." "너는 팔이 없으면서도 어떻게 그 모든 걸 잘할 수 있었니?" "이제부터 너를 도와줄게." "네가 자랑스러워." 한쪽 팔이 없는 장애아인 소년은 선생님의 깊은 뜻과 친구들의 다정한 말에 그만 울고 말았습니다. 세상에는 우리보다 더 불편하고 외로운 사람이 많다는 점을 항상 잊지 맙시다.

 마음열기

최근 나에게 다른 사람의 어려움이 이해가 되었거나 위로했던 경험이 있다면 나누어 봅시다.

 생각하기

극적인 회심을 했거나 기적적인 병고침을 행한 일도 없고, 한 번의 짧은 설교도 기록되어 있지 않지만 사도행전을 아름답고 훈훈하게 해주는 참 소중한 이름이 있습니다. 그는 바나바라는 별명으로 불린 구브로 사람 요셉입니다. 바나바의 뜻은 '위로자' 입니다. 요셉은 어떻게 이와 같은 아름다운 별명을 얻게 되었을까요?

1. 필요를 볼 줄 아는 사람

대부분 가난했던 사람들로 이루어진 초대교회 성도들의 어려운 형편을 아는 구브로 사람 요셉은 조용히 밭을 팔아 사도들에게 바쳤습니다.

행 4:36-37 구브로에서 난 레위족 사람이 있으니 이름은 요셉이라 사도들이 일컬어 바나바라(번역하면 위로의 아들이라) 하니 그가 밭이 있으매 팔아 그 값을 가지고 사도들의 발 앞에 두니라

많은 사람이 자기 일이나 자기 필요 외에는 무관심합니다. 그래서 상대방이 무엇을 원하는지 전혀 느끼지 못합니다. 하지만, 바나바는 다른 이들의 ☐☐를 볼 줄 아는 사람이었습니다.

2. 믿어줄 줄 아는 사람

사울이 다메섹으로 가는 길에서 극적인 회심을 체험하고 예루살렘으로 돌아왔을 때 모든 사람들이 의심하면서 가까이하지 않았지만 바나바만은 사울을 믿어 주었습니다.

행 9:26-27 사울이 예루살렘에 가서 제자들을 사귀고자 하나 다 두려워하여 그가 제자 됨을 믿지 아니하니 바나바가 데리고 사도들에게 가서 그가 길에서 어떻게 주를 보았는지와 주께서 그에게 말씀하신 일과 다메섹에서 그가 어떻게 예수의 이름으로 담대히 말하였는지를 전하니라

또 젊은 제자 마가가 1차 전도여행 기간 중 낙오한 일로 인하여 바울 전도팀에서 제명되었을 때 바나바는 그에게 용기를 주고 다시 한번 기회를 제공해 주었습니다.

행 15:37-38 바나바는 마가라 하는 요한도 데리고 가고자 하나 바울은 밤빌리아에서 자기들을 떠나 함께 일하러 가지 아니한 자를 데리고 가는 것이 옳지 않다 하여

이와 같은 ☐☐은 그가 마가복음의 저자가 되도록 해주었으며, 결국은 바울에게도 다시 소중한 사람이 되도록 했습니다(딤후 4:11).

만약 바나바가 오해와 위험을 무릅쓰고 바울과 마가를 변호해 주지 않았더라면 우리가 아는 위대한 사도 바울과 성경의 기록자 마가는 존재하지 못했을 것입니다.

3. 물러설 줄 아는 사람

많은 사람이 다른 사람의 장점을 보게 될 때 열등감을 느끼게 되고 다른 사람이 부각될 때 자신의 위치를 잃을까 염려합니다. 하지만, 안디옥 교회의 지도자요 선교팀의 리더였던 요셉은 신앙의 후배요 멤버인 바울의 영성의 뛰어남을 보고 소리없이 그에게 수석 지도자의 자리를 ☐☐했습니다.

행 14:14-15 두 사도 바나바와 바울이 듣고 옷을 찢고 무리 가운데 뛰어 들어가서 소리 질러 이르되 여러분이여 어찌하여 이러한 일을 하느냐 우리도 여러분과 같은 성정을 가진 사람이라 여러분에게 복음을 전하는 것은 이런 헛된 일을 버리고 천지와 바다와 그 가운데 만물을 지으시고 살아 계신 하나님께로 돌아오게 함이라

행 15:35 바울과 바나바는 안디옥에서 유하며 수다한 다른 사람들과 함께 주의 말씀을 가르치며 전파하니라

사도행전 14장까지 두 사도의 이름 순서는 '바나바와 바울'이었는데 특별한 이유도 없이 15장부터 '바울과 바나바'로 바뀐 것은 바나바가 팀 리더의 자리를 바울에게 양보했음을 암시해 줍니다.

그는 다른 사람의 장점을 인정하고 또 물러설 줄 아는 사람이었습니다. 세상은 지금 소리 없이 많은 사람을 부요케 해주는 바나바들이 나타나기를 간절히 기다리고 있습니다.

나의 이야기

■ 내가 바나바의 삶에서 가장 닮고 싶은 부분은 무엇입니까?

다른 사람의 필요를 돌아보는 삶 :

다른 사람을 믿고 용납하는 삶 :

다른 사람을 인정하고 물러서는 삶 :

■ 이번 한 주 내가 바나바와 같은 사람이 되기 위해 구체적으로 실천해야 할 일을 한 가지씩 찾아봅시다.

정답 | ①필요 ②믿음 ③양보

위로의 도구

대통령이 주최하는 연회에 한 유명한 소설가가 초대장을 받았습니다.

그런데 그 사람은 연회에 모습을 보이지 않았습니다.

대통령은 이 사실을 알고 몹시 불쾌해졌습니다.

"괘씸한 사람…"하며 중얼거리는 대통령 앞에 막 도착한 엽서 한 장이 전달되었습니다.

바로 그 소설가가 보낸 것이었습니다.

『대통령 각하, 저의 초등학교 은사가 여는 파티 때문에 각하의 초대에 응하지 못하게 됨을

매우 죄송스럽게 생각합니다.

옛날 담임 선생님의 초대장이 조금 먼저 도착했습니다. 대통령 각하의 파티에는 제가 가

지 않더라도 많은 귀빈이 와서 축하해 드리겠지만 제 선생님의 파티는 그렇지 못합니다.

작고 초라한 파티여서 저라도 가지 않는다면 자리가 썰렁해 선생님이 무척 섭섭해 하실

것입니다.

부디 제가 가지 못함을 용서해주시기 바랍니다.』

엽서를 다 읽은 대통령은 "유명한 소설가일 뿐 아니라

훌륭한 소설가로구먼" 하고 말했다고 합니다.

위로할 자를 위로하는 것은 천사도 흠모하는 아름다운

일입니다.

"주여, 나를 위로의 도구로 써주소서!"

사마리아 여인 1
찾아오시는 예수님

먼저읽기

사람들은 모두 사랑과 행복에 목말라하고, 그것이 채워지지 않는데서 오는 공허감을 느끼고 있습니다. 그래서 친구를 사귀고, 공부를 하고, 돈을 모으고, 명예를 쌓습니다. 현대인들은 텅 빈 마음을 채워보고자 음악, 영화, 스포츠 등을 추구하고, 섹스, 도박, 마약 등에 빠져들기도 합니다. 하지만, 목마를 때 바닷물을 먹으면 목이 더 타들어가는 것처럼 영혼의 갈증은 전혀 채워지지 않습니다. 이것저것을 다해보아도 영혼의 공허함은 더욱 심해질 뿐입니다. 파스칼은 팡세에서 사람의 마음속에는 오직 하나님만이 채울 수 있는 공간이 있다고 했습니다. 당신의 갈증과 공허함을 채울 수 있는 유일한 해답은 먼저 하나님을 만나는 것입니다.

 마음열기

요즘 당신이 가장 목마르게 바라는 것이 있다면 무엇입니까?

 생각하기

요한복음 4장 3–15절을 먼저 읽으세요.

1. 목마른 여인

1) 여인은 언제 물을 뜨러 나왔습니까?(6)

> 유대 시간에 6시간을 더하면 한국에서 보통 사용하는 시간이 됩니다. 팔레스틴에서는 보통 여인들이 덥지 않은 이른 아침시간에 위험을 피하기 위해 여럿이 무리 지어 물을 뜨러 나옵니다.

여기서 우리는 여인에 대해 어떤 추측을 할 수 있습니까?

2) 실제 그녀는 어떤 사람이었습니까?(요 4:16–18)

> 그녀는 사람들의 비난과 조롱 때문에 모든 인간관계가 깨어져 있었으며, 얼룩진 과거 때문에 자신도 자신을 받아들일 수 없었으며, 하나님 앞에 설 엄두조차 낼 수 없는 상태에 있었습니다. 한편, 날마다 혼자 우물가에 물을 뜨러 나와야 했던 그녀의 모습은 마셔도 마셔도 채워지지 않는 그녀의 갈증을 상징적으로 잘 보여주고 있습니다.

2. 예수님과 만난 여인

물을 긷기 위해 나온 여인은 우물가에서 예수님을 만나게 됩니다.
대화는 누구에 의해서 먼저 시작되었습니까?(7)
예수님께서 대화를 시작하는 것에는 어떤 어려움이 있었을지 생각해 봅시다.

- 중동지역의 정오는 무척 더운 시간입니다.
- 제자들이 음식을 사러 들어간 것을 볼 때 시장하실 시간입니다.
- 유대에서 사마리아까지 이삼일 되는 산길을 걸어오신 때였습니다.
- 사마리아인은 유대인과는 적대적인 관계입니다.
- 랍비가 여자에게 개인적으로 말하는 것은 금지된 풍습입니다.
- 상대는 모든 관계가 깨어진 콤플렉스가 많은 여인입니다.

1) 당신이 예수님과 같은 상황에 있다면 상대방과 대면할 때 어떻게 했을까요?

하지만, 예수님은 이 모든 어려움에도 불구하고 그 여인과 대화를 시작하셨습니다. 사실 예수님께서 갈릴리로 가실 때 유대인들이 잘 가지 않는 사마리아를 경유하는 길을 선택하신 이유도 바로 이 여인을 찾아가기 위함이었습니다.

2) 예수님은 그 여인과의 대화를 어떤 요청으로 시작하고 계십니까?(7)
그것은 아래의 예들처럼 대화를 시작하는 것과 어떤 차이가 있을까요?

예 1. "보아하니 문제가 있는 것 같은데 내가 좀 해결해 주겠노라"
예 2. "죄 많은 여자여 회개하라!"

3) 예수님은 상대방이 자기를 얕잡아 본 것이라고 생각한 여인의 쏘아붙이는 듯한 말투에도 불구하고 무슨 말씀을 하셨습니까?
요 4:10 예수께서 대답하여 이르시되 네가 만일 하나님의 선물과 또 네게 물 좀 달라 하는 이가 누구인 줄 알았더라면 네가 그에게 구하였을 것이요 그가 생수를 네게 주었으리라

그녀는 이 말에 대해 어떤 궁금증을 나타내었습니까?
요 4:11-12 여자가 이르되 주여 물 길을 그릇도 없고 이 우물은 깊은데 어디서 당신이 그 생수를 얻겠사옵나이까 우리 조상 야곱이 이 우물을 우리에게 주셨고 또 여기서 자기와 자기 아들들과 짐승이 다 마셨는데 당신이 야곱보다 더 크니이까
여인이 보기에 그분께는 물을 길을 도구도 없어 보이고 그렇다고 족장 야곱보다 더 좋은 우물을 팔 정도의 부자로도 보이지 않았던 것입니다.

나다나엘
용서받은 여인
삭개오
부자청년
마르다와 마리아
마리아
디모데
바나바
사마리아여인 1
사마리아여인 2

나다나엘

용서받은 여인

삭개오

부자청년

마르다와마리아

마리아

디모데

바나바

사마리아여인1

사마리아여인2

그녀는 진지하면서도 친절한 예수님의 태도에 점점 더 깊은 대화로 이끌리고 있습니다.

3. 생수의 근원 되신 예수님

그때 예수님은 무엇을 말씀하셨습니까?

요 4:13-14 예수께서 대답하여 이르시되 이 물을 마시는 자마다 다시 목마르려니와 내가 주는 물을 마시는 자는 영원히 목마르지 아니하리니 내가 주는 물은 그 속에서 영생하도록 솟아나는 샘물이 되리라

이 말을 들은 여인은 예수님에 대해 갑자기 어떤 호칭을 사용하고 있습니까?(15)

그리고 무엇을 요청하고 있습니까?

요 4:15 여자가 이르되 주여 그런 물을 내게 주사 목마르지도 않고 또 여기 물 길으러 오지도 않게 하옵소서

이 말이 그녀의 귀를 번쩍 뜨이게 했던 이유는 그런 물이야말로 자기가 죽을 것처럼 찾고 있던 바로 그것이었기 때문입니다.

당신도 이런 생수 마시기를 진심으로 원하십니까?

 나의 이야기

■ 사마리아 여인과 자기에게 비슷한 점이 있는지 살펴보고 말해 봅시다.

■ 사마리아 여인을 먼저 찾아가 친절하게 대화를 나누시는 예수님의 사랑을 보면서 느낀 점을 말해 봅시다.

먼저읽기

...신자는 하나님의 조건 없는 용납과 영원한 사랑을 ...받은 사람입니다. 사람들은 이유가 있어야 사랑합니다. 그리고 사람의 사랑은 언제 변할지 모릅니다. 설령 변하지 않는다 하더라도 죽음 때문에 그 사랑은 영원할 수 없습니다. 그래서 사람들은 사랑하면서도 두려워하고 두려워서 사랑할 수 없습니다. 하지만, 하나님은 우리의 한계와 결점을 포함해서 우리 모습 그대로 용납하시며, 이러한 것들이 하나님의 눈에 비친 나의 가치를 영원히 파괴하지 못한다는 사실을 확실히 보여주었습니다. 그래서 하나님의 사랑 안에는 두려움이 없습니다.

사마리아 여인 2
내가 찾은 목마르지 않은 생수

마음열기

당신은 '사랑하면서도 두려워하고, 두려워서 사랑할 수 없다'는 말에 공감이 됩니까? 그런 경험이 있으면 나누어 봅시다.

나다나엘
용서받은 여인
삭개오
부자청년
마르다와 마리아
마리아
디모데
바나바
사마리아여인 1
사마리아여인 2

 생각하기

요한복음 4장 16~30절을 먼저 읽으세요.

1. 선행되어야 할 문제

1) 다시는 목마르지 않은 생수를 구하는 여인에게 예수님은 먼저 무엇을 요구하셨습니까?(16)
이 말을 들은 여인의 마음이 어떠했을지 생각해 봅시다.

2) 여인은 이 요구에 대해 무엇이라고 대답했습니까?(17상)
그녀가 이렇게 부인한 이유가 무엇이라고 생각하십니까?

3) 예수님은 이 부인에 대해 우선 어떻게 말씀하셨습니까?(17하)
실제 그녀는 지금 여섯 번째 남자와 결혼도 하지 않고 동거하고 있었기 때문에 남편이 없다는 말이 틀린 것은 아니었습니다.
이 말에 담긴 예수님의 배려에 대해 생각해 봅시다.

4) 그녀는 예수님의 이 배려와 예지 앞에서 자신의 얼룩지고 죄 된 모습을 시인한다는 표현을 어떻게 하고 있습니까?(19)

2. 하나님께 나가기를 원하는 여인

1) 갑자기 그녀는 무엇에 대한 질문을 하고 있습니까?(20)

사마리아인들은 예루살렘 성전에 출입을 금지당했기 때문에 구약에 나오는 축복의 산인 그리심 산에 성전을 만들고 예배하고 있었습니다. 그리고 하나님이 지정하신 바른 예배 장소가 어디인지에 대해 유대인과 논쟁했습니다. 그러나 당시의 바른 예배처소는 예루살렘뿐이었습니다(22).

여인은 왜 이 같은 질문을 하게 되었을까요? 성전에 올라가서 하고 싶었던 일은 무엇일지, 구약시대 성전이 무엇을 하는 곳인지 연결해서 생각해 보세요.
하지만, 바른 예배 처소로 올라가려는 그녀의 이 같은 소원은 왜 이루어질 수 없습니까?
• 민족적으로 :
• 율법적으로:
눅 18:13 세리는 멀리 서서 감히 눈을 들어 하늘을 쳐다보지도 못하고 다만 가슴을 치며 이르되 하나님이여 불쌍히 여기소서 나는 죄인이로소다 하였느니라

2) 예수님은 이 같은 질문을 하는 여인에게 어떤 놀라운 선언을 하셨습니까?(21)
이어서 예수님은 어떤 새로운 예배에 대해 말씀하셨습니까?(23)

'영과 진리의 예배' 란 쉽게 설명하면 진실한 영혼으로 드리는 예배라고 할 수 있습니다. 이 말씀은 곧 더 이상 성전에 올라가지 않아도 바른 마음만 있으면 하나님께 나아가 예배할 수 있다는 놀라운 선언인 것입니다.

사실 하나님은 어떤 장소에서 예배하느냐보다 어떤 마음으로 예배하는지를 더욱 중요하게 보시는 분이십니다(23-24).

3. 생수를 발견한 여인

1) 이때 여인은 어떤 사실을 기억해 냈습니까?(25)
영과 진리의 예배란 영이 살아나 하나님을 느끼고, 하나님에 대한 진리를 바르게 앎으로 드리는 예배입니다. 그런데 메시아 곧 그리스도께서는 우리의 죽은 영혼을 살리고 우리에게 하나님에 대한 모든 진리를 알려주시는 분이십니다. 그러므로 영과 진리의 예배를 가능케 하기 위해서는 반드시 메시아께서 오셔야 하는 것입니다.

2) 그녀의 이 말에 대해 예수님은 무엇이라고 대답하셨습니까?(26)

이 말을 듣자마자 그녀는 어떻게 되었습니까?(28)

그녀가 메시아 되신 예수님을 만나자 어떤 변화가 일어나게 되었습니까?

요 4:28-29 여자가 물동이를 버려 두고 동네에 들어가서 사람들에게 이르되 내가 행한 모든 일을 내게 말한 사람을 와서 보라 이는 그리스도가 아니냐 하니

- 이웃과의 관계: 막혔던 ☐ 이 허물어지고 대인관계가 회복됨

- 자신과의 관계: 자기의 ☐ 를 인정할 뿐 아니라 용서받았음을 인식함

- 그리스도와의 관계: ☐☐☐☐ 를 만났을 뿐 아니라 이웃을 그리스도께 인도하게 됨

그녀가 발견한 목마르지 않은 생수의 근원은 바로 예수 그리스도를 영접하는 믿음이었습니다.

요 7:37-38 명절 끝날 곧 큰 날에 예수께서 서서 외쳐 이르시되 누구든지 목마르거든 내게로 와서 마시라 나를 믿는 자는 성경에 이름과 같이 그 배에서 생수의 강이 흘러나오리라 하시니

 나의 이야기

■ 나에게는 사마리아 여인의 남편 문제처럼 아직도 감추고 싶은 죄는 없습니까?

■ 내가 예수님으로 말미암아 회복되어야 할 관계는 어떤 것들이 있습니까?

이웃과의 관계

자신과의 관계

그리스도와의 관계

정답 | ①벽 ②죄 ③그리스도

나다나엘

용서받은 여인

삭개오

부자청년

마르다와 마리아

마리아

디모데

바나바

사마리아 여인 1

사마리아 여인 2

내가 찾은
목마르지 않은 물

제게 일어난 기적에 대해 들어보세요! 제가 누구냐고요?

자세한 건 곧 아시게 될 거고, 글쎄, 목마른 사람이라고 소개하면 될까요? 저는 참 목마른 사람이었습니다. 행복에 목말라 있었고 사랑에 목말랐고 또 사람들의 인정에 목말라 있기도 했죠. 그러면서 한편으로는 발버둥쳐도 채워지지 않는 이 갈증에 하루하루 체념 가운데 살던 사람이기도 했습니다.

그러니 여러분이 혹시 채워지지 않는 갈증으로 목말라 하는 사람이라면 제 이야기에 귀기울여보세요. 저의 목마름을 깨끗이 없애버리고 지금 같은 놀라운 생명력을 제게 주신 분을 만났던 이야기를 하려고 하니까요.

제가 살고 있는 마을은 수가입니다. 우리 마을은 세겜이라는 이름으로도 알려져 있는, 근방에서는 가장 오래된 성 가운데 하나죠. 이곳은 아브라함과 야곱이 제단을 쌓은 곳이며, 구약성경의 축복의 산 그리심이 있고 요셉의 무덤도 근처에 있는 곳입니다. 또 어귀 밖에는 우리 조상 야곱이 팠다는 우물도 있습니다. 이 우물은 천년이 넘은 지금까지도 마르지 않는 좋은 우물입니다. 그렇다면, 여기가 혹시 사마리아 지방이 아니냐고요? 예, 우리 마을은 가파른 팔레스틴 고지에 자리한 사마리아 성읍입니다. 앗시리아에 의해 멸망한 북 왕조 이스라엘에 속하였던 우리 선조는 앗시리아의 이주정책 결과로 혼혈이 되었는데 그 후부터 유대인들은 우리가 성전 재건은 물론 예배에 참여하는 것조차도 막아버렸고 우리를 사람 취급도 하지 않았습니다. 그러니까 저는 유대인들이 개 취급하는 바로 그 사마리아 사람이고 그중에서도 더욱 천한 여자입니다.

저의 일과는 이러했습니다.

저는 아침에 홀로 눈을 뜰 때가 많습니다. 나를 떳떳하게 생각지 않는 동거남이 사람들의 안목을 피해 이른 아침에 집을 나가버리기 때문입니다. 눈을 뜨면 일 나가는 사람들의 웅성

대는 소리, 물을 긷기 위해 함께 모여 떠드는 마을 아낙들의 소리가 들립니다. 저는 집에서
혼자 우두커니 있기도 하고 할 일 없이 소일을 하거나 아예 늦잠을 자 버리기도 하면서 바
깥이 잠잠해지기를 기다립니다. 해가 중천에 뜰 즈음이면 예외 없이 마을이 잠잠해지죠. 그
러면 저는 물동이를 이고 어귀 밖에 있는 우물로 물을 길러 갑니다.

왜 가장 뜨거운 한낮에 그것도 혼자 위험하게 물을 길러 가느냐고요?

예, 저는 막된 여자였습니다. 사람들로부터 못이 박히도록 '개'니 '걸레'니 하는 소리를 듣
던 정욕에 이끌려 사는 그런 여자였으니까요. 그렇다고 몹쓸 여자라고 저만 비난하진 마십
시오. 남자들은 나를 마음껏 가지고 놀고 부려먹고는 이혼장 한 장만 써주면서 내버렸습니
다. 그래서 이 남자에게서 저 남자에게로 가기를 여러 번, 내게는 남편이란 작자만도 다섯
명이나 됩니다. 그래서 그 땐 저도 아예 그따위 결혼에 신물이 나 모세 율법을 어기고 동거
생활을 하고 있었습니다. 그러니 제가 무슨 겁날 게 있겠습니까?

사실 내게 가장 귀찮은 것은 세상으로 난 마지막 창 – 바로 그 물긷기였습니다. 시간만 되
면 찾아오는 이 목마름과 그것을 채울 수 없음을 알면서도 매일 물을 길러 가는 것. 하지만,
어쩌면 그것은 날마다 갈망과 체념을 오르내리는 내 삶의 한 단면이었는지도
모릅니다.

그날은 유난히도 무더운 날이었습니다.
그만큼이나 내 마음은 체념에 깊이 빠져 있었고요. 바깥이 조용해지기를
기다린 저는 여느 때와 같이 정오 쯤 혼자서 우물가로 가고 있었습니다.
그런데 우물이 보일 때쯤 전 걸음을 멈출 수밖에 없었습니다. 우물가에 유대
인 복장을 한 남자가 앉아 있었던 것입니다. 유대인은 갈릴리로 갈 때 우리와 상종
하는 것이 싫어서 강 건너편 데가볼리 땅을 거쳐 다시 요단강을 건너는 먼 길을 돌아다닌다
고 들었습니다. 그런 유대인을 그것도 이렇게 더운 날 우물가에서 마주치게 되다니….
저는 되돌아갈까 망설였습니다. 하지만, 뭔지 모를 힘이 내 걸음을 우물가로 움직이게 했습
니다. 유난히 더웠던 그날의 목마름 때문이었는지, 아니면 그 목마름이 일으킨 체념 때문이
었는지…. 하지만, 우물이 가까워져 올수록 저는 스스로 결정을 잘했다는 생각을 하고 있었
습니다. 여기까지 오기 위해선 2-3일 정도 메마른 광야 길을 걸었을 터이니 무척 지쳤을 것
이고, 시간도 한참 시장할 때인데다가 오늘은 날씨마저 이렇게 더우니 한 마디라도 떼기가

여간 어렵지 않을 것이기 때문입니다. 게다가 나는 사마리아 여자고….

하기야 금방 생각해도 수상한 나 같은 여자에게 누가 말이라도 걸겠습니까?

"내게 물을 좀 주십시오."

허둥지둥 물 긷기를 마쳐가던 저는 뒤에서 들

려오는 소리에 제 귀를 의심했습니다.

나 같은 사마리아 여자에게 그것도 이렇게 부

드러운 목소리로 물을 부탁 하다니….

하지만, 나는 이내 '이 남자가 나를 얕잡아

보는 것이 아닐까?' 하는 자격지심에 딴 생

각을 할 겨를도 없이 퉁명스럽게 쏘아붙였습니다.

"당신은 유대인 같은데 사마리아인인 나에게 물을 달라고 하십니까?"

하지만, 그분은 나의 이런 태도에도 불구하고 부드러운 음성으로,

"당신이 만약 그가 누구인 줄 알았더라면 도리어 그에게 생수를 구했을 것이고 그는 당신에

게 생수를 주었을 것인데…" 하며 말을 건네왔습니다.

그때 처음 마주친 그분의 눈은 참으로 맑고 투명했습니다.

그리고 부드럽고 진지한 그분의 태도에 저의 마음은 많이 풀리게 되었습니다.

"실례지만 당신은 물 긷는 그릇도 없고 이 우물은 깊은데 어떻게 물을 긷는단 말입니까? 또

이것은 우리 조상 야곱이 판 것인데 당신이 이 우물보다 더 좋은 우물을 팔 수 있단 말입니

까?"

그때 그분은 나를 주시하면서 마치 내 영혼을 향해 하시는 것 같은 목소리로 말씀하셨습니다.

"이 물을 먹는 자마다 다시 목마르지만 내가 주는 물을 먹는 자는 영원히 목마르지 않습니다.

내가 주는 물은 그 속에서 영생하도록 솟아나는 샘물입니다."

"다시 목마르지 않은 물!"

"그 속에서 영원히 솟아나는 물!"

나의 입에서는 나도 모르게 "주여" 하는 고백이 흘러나왔습니다.

그것은 분명히 내가 찾고 있던 바로 그것이었습니다.

나는 그분께 다급하게 부탁했습니다.

"제게 그런 물을 주셔서 다시는 목마르지도 않고 또 여기 물 기르러 오지 않아도 되게 해주십시오."

나는 정말 물을 뜨러 오는 그 일을 그만 하고 싶었습니다. 나도 채워지지 않은 이 삶의 갈증 대신 행복과 만족을 느끼며 살고 싶었습니다. 그것은 얼마나 오랜만의 부탁이었는지 모릅니다. 그 짧은 순간 저는 가난하게 될 수 있는 사람의 부유함의 역설을 느낄 수가 있었습니다.

그때 숨을 콱 막히게 하는 말씀이 그분의 입에서 나왔습니다.

"당신의 남편을 데려오시오."

그렇습니다. 나는 잠시 동안 나의 근본적인 문제를 잊고 희망에 차 있었던 것입니다.

여전히 내게 있는 현실이 더 크고 절망적으로 다가오는 순간이었습니다. 내가 가장 잊고 싶은, 가장 숨기고 싶은 부분이…. 이 남편에 대한 말은 내가 얼마나 많이 들어온 소리인지 모릅니다. 마을 사람들이 모이면 내 욕이 그들 이야기의 주제였습니다.

"남편이 다섯이나 바뀐 계집", "모세의 율법을 어긴 문란한 년", "상종 못할 창기"….

하지만, 그분의 말씀은 무언가 달랐습니다. 이상하게도 그분 앞에서는 다른 사람들이 그런 말을 할 때처럼 화를 내고 돌아설 수도 혹은 회피하고 그 자리를 피해버릴 수도 없었습니다.

그분의 말씀은 회피하고 싶고 뒤돌아보기 싫은 내 모습을 직시하게 하는 힘이 있었습니다.

그렇습니다. 나에게는 먼저 이 문제가 해결되어야 했던 것입니다.

"나는 남편이 없습니다."

저는 반 정도 거짓말을 하고 그 앞에 상기된 얼굴로 서 있었습니다.

그때 그분은 따뜻한 배려가 담긴 목소리로 말씀하셨습니다.

"네가 남편이 없다 하는 말이 옳도다

네가 남편이 다섯이 있었으나 지금 있는 자는 네 남편이 아니니 네 말이 맞도다."

나는 그분 앞에서 처음으로 순수하게 나의 얼룩지고 죄 된 모습을 시인하고 싶어졌습니다. 그래서 저는 용기를 다해 내 죄를 시인하는 표시로 이렇게 말씀드렸습니다.

"주님 내가 보니 선지자로소이다."

잠시 동안 시간이 지났습니다. 그 짧은 시간 동안 나의 마음에는 처음 느껴본 자유함이 있었습니다. 뭐랄까 나를 남들이 모르는 부분까지 다 아시는 분 앞에 그것도 나를 사랑하시는 분 앞에서 내 죄를 자백 드린 느낌이었습니다.

그때 저는 갑자기 그분께 성전에 대해 묻고 있었습니다.

"우리 조상은 이 산에서 예배하였는데 당신들 유대인의 말은 예배할 곳이 예루살렘에 있다 하더이다." 사람들에게 손가락질당하던 내게서 불쑥 그런 말이 나왔다는 것은 저 자신에게도 참으로 의외였습니다. 어쩌면 그것은 낯선 유대인 앞에서 더 이상 내 죄에 대해 여는 것이 두려웠기 때문이었는지도 모릅니다. 그분은 제가 논쟁으로 빠져 핵심을 놓치지 않도록 즉시 '하나님의 계시는 예루살렘 성전을 중심으로 계속되어 왔다'라고 간단하고도 분명하게 정리해주셨습니다. 하지만, 어쨌든 내 머릿속은 이 말을 실마리로 갑자기 잊고 있던 어릴 때의 추억을 향해 달음박질하고 있었습니다.

저에게도 몇 개 되지 않지만 따뜻한 추억이 있습니다. 부모님이 살아계실 때 우리 가족은 명절이 되면 그리심 성전 터에 올라 가난하지만 제물도 바치고, 모세의 율법을 낭송하는 소리를 듣기도 했습니다. 물론 어려서 잘 이해하진 못했지만 그때 들었던 메시아에 대한 가르침도 어렴풋이 생각에 남아 있습니다. 사실 저는 내 삶이 이렇게 되고 나서도 몇 번쯤 그 메시아란 분께 내 문제의 해답이 있을 것이라는 막연한 생각을 하기도 했었습니다.

하나님을 만나게 해주신다는 메시아 그분께….

어쨌든 저는 그리심 산이든 아니면 예루살렘 성전이든 어느 곳이라도 달려가서 다시 한번 내 죄에 대한 속죄 제물을 바치고 진심으로 참회하고 싶은 열망을 느꼈습니다.

하지만, 곧 이것은 불가능한 것임을 알게 되었습니다. 모세의 율법에 돌로 치라고 한 간음죄를 범한 나 같은 여자가 어떻게 감히 성전에 올라갈 수 있단 말입니까?

그때 그분은 나에게 놀라운 선언을 하셨습니다.

"나를 믿으십시오. 이 산에서도 말고 예루살렘에서도 말고 아버지께 예배할 자가 영과 진리로 예배할 때가 오나니 바로 지금입니다. 아버지께서는 이렇게 자기를 예배하는 자를 찾으십니다." 그 말씀은 도무지 이해할 수 없는 것이었습니다. 어떻게 성전이 아닌 곳에서 하나님을 예배할 수 있으며, 하나님께서 그 같은 예배를 찾으신다니요?

그러나 이어지는 말씀에 제게 깨달음이 오기 시작했습니다.

"왜냐하면, 하나님은 영이시므로 그에게 예배하는 자는 영과 진리로 예배드려야 합니다."

그렇습니다. 저는 하나님은 영이시라고 배웠습니다. 또 언젠가 "영이신 하나님은 사람이 손으로 만든 성전에 거하시는 분이 아니다"라는 말씀을 들은 기억도 났습니다. 하나님이 이처럼 영이시고 우리에게 영혼을 주신 분이시라면 그분은 형식적인 예배보다 우리가 영과 진리로 드리는 예배를 더 원하시는 것이 틀림없습니다.

그 깨달음은 나에게 큰 기쁨으로 다가왔습니다. 이분의 말씀대로라면 나는 이제 하나님께 성전이 아닌 여기서도 온 맘으로 죄를 참회할 수 있습니다. 그리고 그 앞에 엎드려 입맞추며 내 중심의 사랑을 고백 드릴 수도 있습니다. 나는 그때까지 나의 모든 사랑과 경배를 남자의 사랑에 쏟아부었습니다. 그러나 내게 돌아오는 건 더 큰 목마름과 체념뿐이었습니다. 하지만, 내가 항상 하나님께 나아가 그분을 경배할 수 있고, 하나님께서도 경배를 받아주신다면 그것은 절대 또 다른 체념을 주지 않을 것이라는 확신이 들었습니다.

그때 어렴풋하게 가지고 있던 메시아에 대한 생각이 머릿속에서 정리가 되어가고 있었습니다. 메시아 그분은 바로 이런 일을 하실 분이십니다. 그는 하나님의 사랑을 보여주실 것입니다. 그는 하나님의 거룩을 보여주실 것입니다. 그는 하나님의 용서를 보여주실 것이고, 하나님의 진리를 보여주실 것입니다. 저는 외쳤습니다.

"메시아, 곧 그리스도라 하는 이가 오실 것을 내가 압니다. 그가 오시면 우리에게 하나님에 대한 모든 것을 알려주실 것입니다."

그리고 이 외침과 거의 동시에 저는 바로 그 분이 내 앞에 서 계신 것을 확실히 느낄 수 있었습니다. 그 분 – 예수님은 말씀하셨습니다.

"내가 그로다."

저는 가슴에서 터져 오르는 이 기쁨의 생수를 주체할 수가 없어서 물동이를 버려두고 단숨에 마을로 뛰어들어갔습니다. 심지어 예수님께 물 한 그릇 대접하는 사실도 잊은 채 말입니다. 그리고 마을 사람들의 앞에서 외쳤습니다. "나의 행한 모든 일을 내게 말한 사람을 와 보라 그가 그리스도가 아니냐"라고 말입니다.

메시아를 만난 그 감격으로 지금 여러분께도 외칩니다.

나는 그 분을 만남으로 스스로를 받아들일 수 있게 되었고, 이웃과의 깨어졌던 관계가 회복되었으며, 무엇보다도 나의 목마름의 유일한 이유요 해답이신 하나님과 화해하게 되었습니다. 저는 영원히 목마르지 않은 생수를 내 안에 가지게 되었습니다. 주님의 사랑이 내 맘 중심에 있는 것입니다. 저의 목마름을 온전히 씻어주신 그 분을 당신도 한번 만나보시지 않겠습니까?

에…
메시아가
오셨나요!

저 | 자 | 소 | 개

권지현(kjhgtm@empal.com)

지티엠의 대표이며 다음세대교회 담임목사로 있습니다. 청소년 신앙지「왕의 아이들」
발행인과 두란노서원「예수나라」편집장을 역임했으며, 현재「세계를 품는 경건의 시간
GT」의 편집인과「주니어 GT, 주티」의 발행인으로 집필을 담당하고 있습니다. 코스타
와 유스 코스타의 강사로 섬기고 있으며, 청소년 성경공부 교재 〈글로벌틴〉시리즈와 장년 성경공부교재
〈스파크 셀양육〉시리즈를 집필하고 있습니다.

하나님을 만난 사람들 2 ☀인물2

초판 | 2001. 11. 1
개정판 발행 | 2007. 11. 12
개정판 16쇄 | 2018.6. 15
지은이 | 권지현
발행처 | 지티엠
등록 | 제10-0763호
        서울시 송파구 가락로 5길 13-7 GTM
전화 | (02)453-3818
팩스 | (02)453-3819
총판 | 기독교출판유통 (031)906-9191~4
www.gtm.or.kr
ISBN 89-85447-56-4
ISBN 978-89-85447-56-0